Dans la même collection

À l'époque des pharaons

Au temps des premiers jeux Olympiques

Au temps des Gaulois

Au temps des Romains

À Jérusalem au temps de Jésus

Au temps de Charlemagne

Au temps des cathédrales

Au temps de la Grande Muraille

À l'époque des chevaliers

À l'époque de la renaissance

Au temps des mousquetaires

À l'époque de Molière

À Paris sous la Révolution

Au temps des cap-horniers

Au temps des premières usines

Au temps de la Grande Guerre

À Paris sous l'Occupation

http://www.casterman.com
ISBN 2-203-13731-2
Tous droits réservés. Toute reproduction, même partielle, de cet ouvrage est interdite. Une copie ou reproduction par quelque procédé que ce soit, photographie, microfilm, bande magnétique, disque ou autre, constitue une contrefaçon passible des peines prévues par la loi du 11 mars 1957 sur la protection des droits d'auteur.
© Casterman 1984 pour la première édition, 1998 pour la présente édition.
Conception graphique et réalisation : Thierry Laurent

Sommaire

La première chasse de Meruti	7
La sagaie et le propulseur	11
Le repas de la tribu	13
Le feu	17
L'enfant trouvé	19
Peaux et fourrures	23
Le tailleur de silex	25
La première industrie	31
Le mystère de la caverne	33
Les premiers artistes	37
Les saumons de l'hiver	39
Le harpon et l'hameçon	43
Où retrouver les hommes préhistoriques ?	44
Des animaux et des hommes	45
Les origines de l'homme	46
Carte des grands sites préhistoriques français	47

Des enfants dans l'Histoire

Au temps des cavernes

Texte de Françoise Lebrun
Illustrations de Ginette Hoffmann

CASTERMAN

La première chasse de Meruti

C'est le début de l'hiver. Au pied de la colline, une mince pellicule de neige laisse encore apparaître l'herbe et les lichens. Un renne broute avec délectation la mousse et les petits arbustes frangés de givre. Il s'est éloigné du troupeau descendu des hauts plateaux glacés, à la recherche de nouveaux pâturages. Ses bois dessinent dans l'air comme un bouquet de branches mortes. On l'aperçoit de loin mais lui n'a pas vu les trois hommes et l'enfant qui l'observent sous le couvert d'un bois de sapins.

L'enfant doit avoir une dizaine d'années. Il a des yeux noirs et des cheveux bruns qui lui descendent presque jusqu'aux épaules. Dans la tribu, on l'appelle Meruti. Aujourd'hui, pour la première fois, il accompagne les chasseurs. Comme eux, il tient une sagaie terminée par une pointe de silex, capable de percer les peaux et les fourrures les plus épaisses. Comme eux, il a appris à se déplacer silencieusement dans la nature à l'affût du gibier. Jusqu'à présent, il n'a traqué que des lièvres et des oiseaux. Cette fois, son bras sera-t-il assez

Dans la tribu, on l'appelle Meruti. Aujourd'hui, pour la première fois, il accompagne les chasseurs.

fort pour atteindre le superbe animal au pelage brun clair qui continue de brouter, inconscient du danger ?

Doucement, Tinok, l'un des chasseurs, se détache du groupe et suit la lisière du bois afin d'arriver derrière l'animal. Il lui faut contourner le renne pour le rabattre vers ses compagnons qui attendent, les mains serrées sur les propulseurs où sont déjà placées les sagaies.

Tinok sait que le renne a un très bon odorat et une ouïe très fine. Il faut donc l'approcher sans le moindre bruit et sans que l'animal puisse sentir sa présence. Mais une brindille craque sous le pas du chasseur. Le renne s'arrête de brouter. Inquiet, il relève la tête et tourne son museau de tous côtés. Il s'immobilise, prêt à s'enfuir. Tinok s'est figé, retenant son souffle. Pendant un long moment, l'animal hésite, mais comme il n'entend plus un bruit, il penche à nouveau la tête vers les délicieux lichens.

Soudain, Tinok pousse un cri formidable. D'un bond, le renne part devant lui.

Le chasseur a repris son approche. Ses pieds chaussés de peaux maintenues par un gros lacet semblent à peine s'appuyer sur le sol. Derrière un buisson de saules nains, à peu de distance de l'animal, il s'arrête. Tout est calme. La neige commence à tomber en flocons paresseux. Soudain, Tinok pousse un cri formidable. D'un bond puissant, le renne part devant lui, affolé. Il file vers l'orée du bois où l'attendent les hommes aux redoutables silex. Derrière lui, le chasseur vient de lancer une sagaie qui frôle son flanc droit. Les yeux fous de terreur, la bête court de plus en plus vite.

Brusquement, les deux autres chasseurs, Mouk et Craal, se découvrent et lancent leurs armes lorsque le renne passe à leur hauteur. L'animal

vacille sous le choc des pointes de pierre qui labourent ses côtes, mais poursuit vaillamment son chemin. Meruti, un peu en retrait, terrifié par le galop de la bête et les voix de ses compagnons, n'a pas bougé. Puis, en un instant, il se ressaisit et projette sa sagaie qui atteint le renne à l'épaule droite, l'endroit le plus vulnérable. C'est l'agonie, le renne fait encore quelques pas, plie les pattes et s'abat, le mufle dans la neige. Les chasseurs se précipitent et l'entourent. L'un d'eux lui donne un violent coup de hache sur la nuque qui arrête ses derniers soubresauts.

Ce renne qu'ils ont tué est une prise vitale pour la tribu.

Le souffle court et le cœur battant, les hommes contemplent leur proie. Meruti titube d'émotion et de fierté : c'est lui qui a porté le coup fatal à l'animal ! Il est devenu un vrai chasseur que ses compagnons regardent avec admiration et respect amusé. Dans le lointain, ils entendent le reste du troupeau qui s'éloigne au grand galop, quittant ce territoire maintenant devenu dangereux. Ce renne qu'ils ont tué est une prise vitale pour la tribu. C'est un mâle superbe à la ramure impressionnante. Sa chair va assurer leur nourriture pendant une partie de l'hiver. Sa peau servira à faire des vêtements. Ses bois seront transformés en armes, ses os en outils et même ses tendons serviront de fil à coudre.

Il ne reste plus qu'à traîner la lourde masse du renne vers la caverne toute proche, où les femmes et les jeunes enfants doivent les attendre. Ils ont sûrement perçu les bruits et les cris. Mais il ne savent pas encore qu'en cette matinée d'hiver, Meruti a gagné le droit de suivre les chasseurs dans leurs futures expéditions.

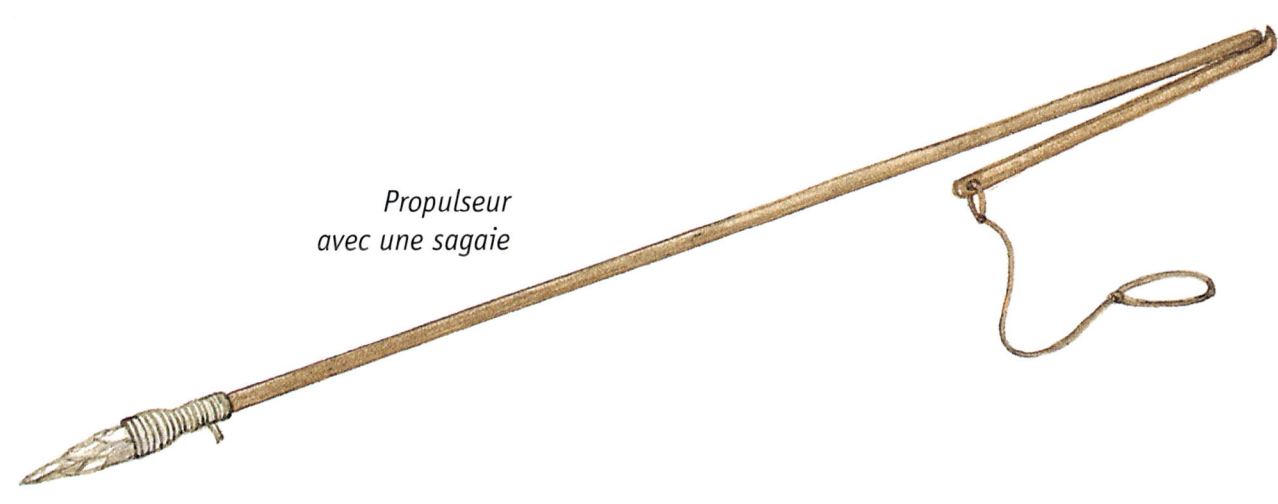

Propulseur avec une sagaie

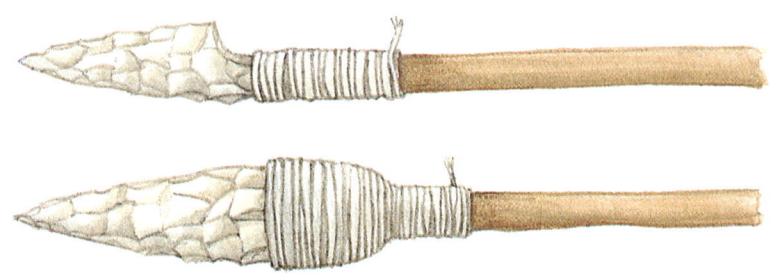

Pointes de sagaie

La sagaie et le propulseur

Les armes utilisées par les premiers hommes furent de simples pierres et de grossiers gourdins de bois. Puis, ils apprirent à tailler le SILEX et d'autres pierres dures pour en faire des HACHES et des POINTES DE SAGAIE redoutables. Il y a presque vingt mille ans, les hommes inventèrent le PROPULSEUR, morceau de bois de renne dont l'une des extrémités était recourbée vers le haut. Le chasseur plaçait sa sagaie en appui sur cette partie courbe. Lorsqu'il lançait le propulseur en avant, la sagaie s'en détachait avec force.
Une sagaie lancée à la main atteignait une cible située à cinquante mètres ; avec l'aide d'un propulseur, la distance de jet pouvait être doublée !

Le repas de la tribu

Durant la belle saison, la tribu de Meruti vit sous des tentes de peaux. Les chasseurs et leurs familles peuvent les transporter facilement. Ainsi se déplacent-ils à la recherche du gibier. Dès les premiers froids, tous regagnent leur caverne, à l'abri d'un surplomb rocheux au pied d'une falaise. Depuis des générations, ils s'y retrouvent pour résister à l'hiver.

La caverne est vaste, profonde, et s'ouvre sur une plateforme d'où l'on aperçoit la vallée en contrebas. Au centre de la grotte, un feu brûle en permanence. Le foyer, protégé par une ceinture de pierres plates, a été creusé dans le sol. Deux femmes et deux enfants s'y réchauffent. Un bruit, à l'extérieur, les fait sursauter :
— C'est Meruti ! crie l'un des petits.

Au centre de la grotte, un feu brûle en permanence. Le foyer, protégé par une ceinture de pierres plates, a été creusé dans le sol.

Chacun se précipite dehors. La tenture de peau qui sert de porte est brutalement écartée. Au bas du sentier qui mène à la grotte, ils aperçoivent le groupe des chasseurs.
— Ils ont tué un renne ! dit l'une des femmes.
— Et un gros ! s'exclame l'autre. Nous pourrons faire des réserves de viande et tailler de nouveaux vêtements dans sa peau.

Maintenant, le renne est exposé sur la plate-forme aux regards de tous. Le plus vieux des chasseurs, Mouk, raconte d'une voix grave et lente comment Meruti a donné le coup mortel à la bête. Puis, hommes et femmes choisissent des silex bien tranchants parmi ceux qui sont rangés dans un coin de la grotte. Ils prélèvent sur le renne quelques morceaux de viande pour le repas. Meruti les porte près du foyer où Taori, la plus jeune des femmes, les fait griller sur des braises.

— Il faudra aussi que je t'apprenne à cuire la viande à "l'étouffée" : tu creuses un trou dans le sol que tu tapisses de galets rougis par le feu. Ensuite, tu y déposes du petit gibier, des perdrix de neige par exemple, que tu recouvres d'une autre couche de galets tout aussi brûlants. Lorsqu'ils refroidissent, tu les remplaces. La viande cuit ainsi doucement et prend un goût particulier. C'est très bon.

Toute la tribu est enfin réunie autour du foyer. Les deux petits, Tiki et Rok, vont d'un chasseur à l'autre.

Pendant que Meruti écoute les explications de Taori, l'autre femme, Naoki, porte sur une palette de bois des pierres rougies par les flammes et les dépose dans une outre pleine d'eau, de grains et de champignons séchés. L'eau chauffe et frissonne bientôt, dégageant une légère vapeur blanche. Après quelques instants, chacun peut y remplir sa coupelle d'os ou de bois et boire le liquide chaud et parfumé.

Toute la tribu est enfin réunie autour du foyer. Les deux petits, Tiki et Rok, vont d'un chasseur à l'autre et se gavent de morceaux de viande. Repus et heureux, ils se mettent à jouer d'une flûte faite d'un os d'oiseau, vidé et percé. Craal, à son tour, tire des sons graves d'une autre flûte plus grande, en bois de renne creusé et percé de trois trous parfaitement ronds et polis.

Quelque temps après, l'étrange musique s'arrête. Plus personne ne rit ni ne parle. Le silence revenu permet de mieux apprécier la chaleur du foyer et le plaisir d'avoir l'estomac plein. Tiki et Rok se sont enfouis dans les fourrures épaisses qui servent de lit. Meruti, fatigué par sa chasse matinale, ferait bien comme eux, mais il domine son envie de dormir. Tout à la fois grave et fier, il songe qu'il vient d'accomplir son premier exploit en tuant un renne. Il sait aussi que d'autres épreuves l'attendent. Il devra combattre d'autres animaux plus dangereux que le renne et bien plus féroces…

Le feu

La domestication du feu représente le plus important progrès de l'histoire de l'humanité. Les préhistoriens pensent que l'homme a maîtrisé le feu il y a environ 400 000 ans, si l'on en croit la datation de vestiges de foyers découverts en de multiples sites. L'homme préhistorique allumait le feu selon deux techniques : la première consistait à frapper deux SILEX l'un contre l'autre pour en faire jaillir des étincelles ; dans la seconde méthode, il fallait faire tourner rapidement un BÂTON de bois dur et sec dans un creux préparé dans un bois plus tendre. Le frottement obtenu échauffait le bois et pouvait enflammer un peu de mousse sèche disposée à proximité.

L'enfant trouvé

Les chasseurs vérifient le tranchant de leurs silex et commencent à enlever la peau de l'animal avec des gestes sûrs et précis. Elle se détache par grands lambeaux que les femmes étirent ensuite vigoureusement. Puis elles les étalent au sol en les fixant par des épieux plantés en terre. Meruti les observe :
— Tu vois, Meruti, il faut enlever la graisse et la chair qui restent collées à la peau du renne, dit Taori.
— Pourquoi ?
— Lorsqu'il reste de la chair, la peau s'abîme.
— Et nous avons besoin de cette graisse, ajoute Naoki. Tu sais, les lampes de pierre qui nous éclairent ne sont pas magiques. Chaque lampe a une mèche enduite de graisse qui peut ainsi brûler longtemps.

Taori et Naoki manient les grattoirs avec rapidité. Bientôt, un grand lambeau de peau est nettoyé.

Agenouillées, Taori et Naoki manient les grattoirs avec rapidité. Bientôt, un grand lambeau de peau est nettoyé et mis aussitôt à sécher dans la caverne. D'autres peaux, fruits de chasses précédentes, sont devenues bien sèches. Naoki les examine, en choisit deux et s'installe pour fabriquer un vêtement. À l'aide d'un perçoir en silex, elle fait des trous espacés dans les deux morceaux qu'elle assemble ensuite avec des tendons de renne, laissant des ouvertures pour la tête et pour les bras.

Le renne n'est bientôt plus qu'un squelette dont les os seront utilisés jusqu'au dernier. Mouk, Craal et Tinok se sont rassemblés autour de la ramure de l'animal. Ils vérifient la solidité des bois et en examinent les parties courbes et droites. Ils imaginent déjà les percuteurs, les propulseurs, les manches d'outils et même les flûtes qu'ils pourront tailler dans cette superbe ramure.

Meruti s'est éloigné du groupe. Ce matin, il a récupéré la sagaie plantée dans l'épaule du renne. Le choc a été rude et l'arme est abîmée. La pointe de silex fixée au bout de la hampe de bois s'est déplacée. Avec des tendons séchés, l'enfant répare son arme. Il doit en prendre soin maintenant qu'il est devenu un vrai chasseur.

> *Meruti s'est éloigné du groupe. Ce matin, il a récupéré la sagaie plantée dans l'épaule du renne. Le choc a été rude et l'arme est abîmée.*

Il lui faudrait aussi une hache de pierre aux bords tranchants et à la pointe effilée. Peut-être que Mouk, le tailleur de silex, acceptera de lui en fabriquer une ?

Brusquement, l'enfant pose son arme. Il court s'installer contre un coin de la falaise et se recroqueville sur lui-même. Dans la tribu, on a l'habitude des étranges comportements de Meruti. Tous l'ont regardé sans rien dire. Lorsqu'ils l'ont recueilli à la fin de la dernière saison froide, il vivait seul. Son père, blessé au cours d'une chasse à l'ours, n'avait pas survécu à l'attaque de l'énorme bête.

Meruti avait creusé un trou pour y déposer le cadavre. Tout autour, il avait placé des ornements de coquillages, les armes de son père et quelques pétales de fleurs. Enfin, il l'avait complètement recouvert de grosses pierres et de petits galets pour empêcher le corps d'être déchiqueté par des bêtes sauvages.

Resté seul, l'enfant avait subsisté de chasse et de pêche. Il avait dû se protéger des hardes de loups, des aurochs à la charge féroce et des ours aux griffes meurtrières. Pourtant, il n'avait ni feu ni armes efficaces. Il s'était nourri de lièvres, de petits renards, de truites prises à la main. La nuit, il dormait dans des grottes inhabitées, jusqu'au jour où Mouk l'avait trouvé, transi de froid et de faim.

Depuis cette époque, malgré sa joie d'avoir trouvé une nouvelle famille, il lui arrive encore de reprendre ses chasses solitaires. Sans dire un mot, il quitte le groupe et s'en va parmi les collines couvertes de pins observer le vol des oiseaux ou guetter le mouvement des troupeaux. Personne ne s'en étonne. Pour les membres de la tribu, Meruti est à la fois mystérieux et précieux, car il connaît la nature mieux que personne.

> *Meruti est à la fois mystérieux et précieux, car il connaît la nature mieux que personne.*

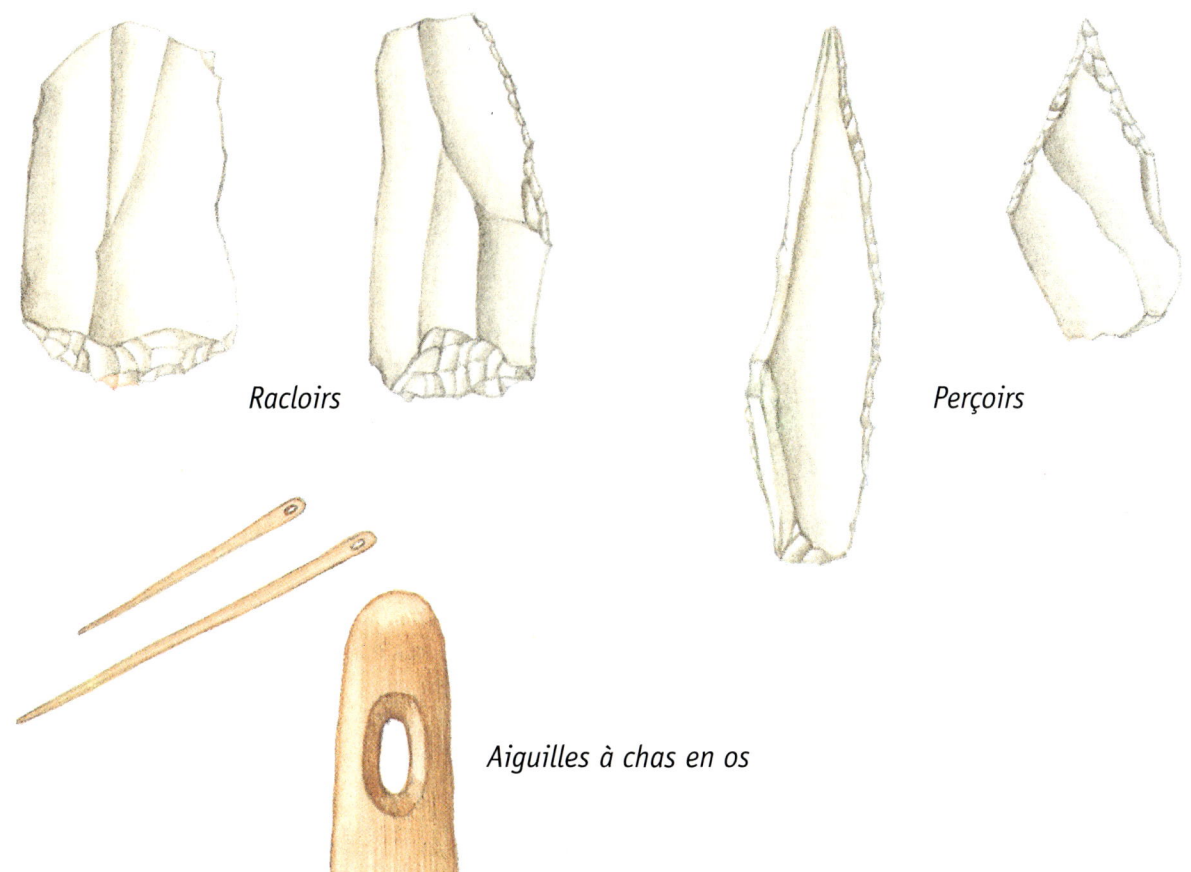

Racloirs

Perçoirs

Aiguilles à chas en os

Peaux et fourrures

Il s'est écoulé des centaines de milliers d'années avant que les hommes ne parviennent à fabriquer des vêtements. Dans les régions tropicales, ils pouvaient vivre nus ou porter de simples pagnes. Mais dans les régions soumises au froid, ils cherchèrent à se protéger efficacement. À l'origine, ils durent dépouiller des animaux et se vêtir de leurs fourrures. Puis ils apprirent peu à peu à les tailler et à les coudre pour en faire de véritables vêtements. Pour ce travail, ils se servaient de RACLOIRS, de PERÇOIRS et d'AIGUILLES. Le fil utilisé était composé de crins de cheval ou de nerfs séchés finement découpés. Tout cet outillage était parfaitement au point à l'époque appelée MAGDALÉNIENNE, c'est-à-dire entre 15000 et 10000 av. J.-C. Ce terme de magdalénien vient du nom d'une grotte dite de la Madeleine (en Dordogne), l'un des grands sites préhistoriques français.

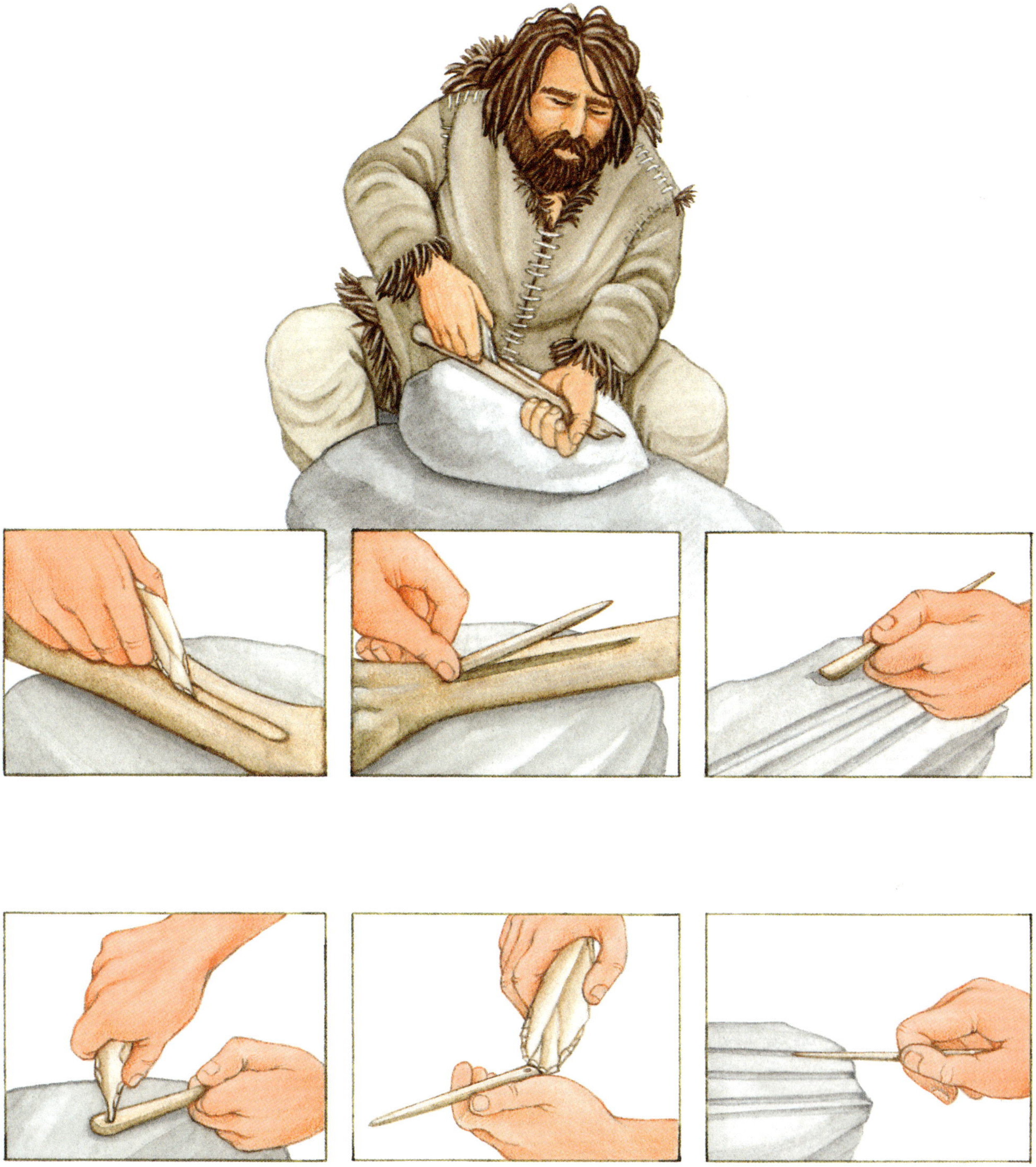

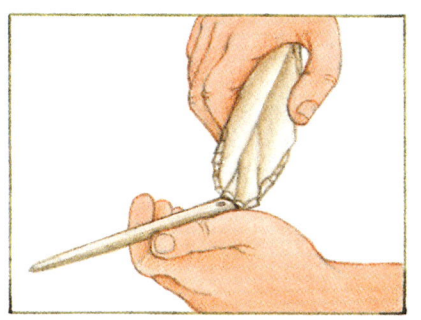
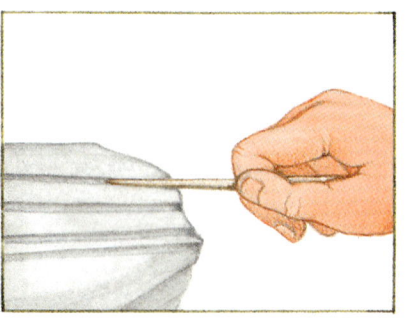

Le tailleur de silex

Tinok s'est assis devant la caverne. Avec un burin de silex, il trace, dans un gros tibia de renne, la forme d'une aiguille. Il incise et creuse avec précision, puis, d'une pression du pouce, fait sortir l'éclat osseux. Il le saisit, en apprécie la forme et le polit en le frottant contre un rocher. Ensuite, avec la pointe d'un petit silex, un poinçon, Tinok y creuse un trou, obtenant ainsi une aiguille à chas, si utile pour coudre les peaux.

Tinok sait faire des harpons à plusieurs dents, des pointes de sagaie, des hameçons. Meruti l'a même vu un jour transformer une grosse omoplate de renne en une sorte de pelle pour creuser le sol ! Tinok est également un artiste prodigieux : il peut sculpter, dans un os ou dans l'ivoire d'une défense de mammouth, des têtes de chevaux ou des corps de femmes.

Il incise et creuse avec précision, puis, d'une pression du pouce, il fait sortir l'éclat osseux.

Si Tinok aime travailler l'os ou l'ivoire, Mouk est le plus habile pour tailler la pierre. Durant la belle saison, il se rend dans des endroits connus de lui seul, pour aller chercher de gros blocs de silex qu'il garde précieusement dans un coin de la caverne.

En observant les silex taillés retrouvés dans les fouilles, les archéologues ont reconstitué les gestes de nos lointains ancêtres. À plus de quinze mille ans de distance, ils ressuscitent la façon de fabriquer des armes et des outils telle qu'elle était en usage dans la préhistoire. Au temps où Mouk se tenait devant la caverne sous le regard admiratif de Meruti...

D'une même grosse pierre, Mouk peut obtenir des outils différents : des grattoirs, des racloirs, des poinçons, des burins. Ses gestes sont si précis et si rapides, qu'il ne lui faut que quelques instants pour parvenir au résultat désiré. Tous ces gestes, il les a appris avec son père qui les tenait de son grand-père et ainsi de suite jusqu'à des temps très reculés. Mais à chaque génération, un petit progrès apparaît, une idée nouvelle permet d'améliorer la technique de taille du silex. Mouk cherche toujours à fabriquer des outils plus efficaces. C'est l'homme que Meruti admire le plus. Il ne se lasse jamais de le regarder travailler.

— Tu vois, lui dit Mouk, le plus important est d'abord de vérifier que le silex n'est ni craquelé, ni fissuré.
— Comment fais-tu ? demande l'enfant.
— Je le frappe avec un caillou et j'écoute le son produit. Si le bruit obtenu est sourd, c'est que le bloc de silex est fêlé et inutilisable. Mais si j'obtiens un son clair, je suis certain de la qualité de la pierre.
— Et ensuite ?
— Avec un galet bien dur, je tape sur mon bloc de silex. Si j'ai frappé au bon endroit, alors une grosse lame va se détacher.
— Et si tu tapes mal ?
— La pierre peut se briser en morceaux inutilisables.

À chaque génération, un petit progrès apparaît, une idée nouvelle permet d'améliorer la technique de taille du silex.

Tout en parlant, Mouk a donné un coup sec sur son bloc de silex. Une belle lame tombe sur le sol. Il la prend dans sa main, l'examine et fait passer son doigt sur les bords presque coupants. Puis, il saisit un morceau de bois de renne avec lequel il donne des petits coups sur les tranchants de la lame. Il travaille régulièrement avec beaucoup d'habileté. Dans le silence du matin, on entend le bruit des petits éclats de silex qui s'amoncellent à ses pieds.

Peu à peu, geste après geste, sous les yeux émerveillés de l'enfant, apparaît une lame ciselée, mince, fine. Les bords en sont presque transparents. La lame ressemble à une grande feuille de laurier. Plus qu'un outil, elle est devenue un objet d'art.
Meruti, ébloui par ce qu'il vient de voir, laisse Mouk à son chef-d'œuvre.

Il rentre dans la caverne et s'assoit près de Craal qui étale sur une grosse pierre des coquillages, des défenses de sanglier, des dents de toutes sortes d'animaux. Craal choisit quelques dents d'un loup qu'il a tué au début de la saison froide. Il les perce une à une à leur extrémité la plus épaisse avec un poinçon et les enfile sur une lanière de cuir. Meruti sait faire des colliers semblables mais il attend d'avoir tué son premier loup et, plus tard, son premier ours, pour oser en porter un.

Peu à peu, geste après geste, sous les yeux émerveillés de l'enfant, apparaît une lame ciselée.

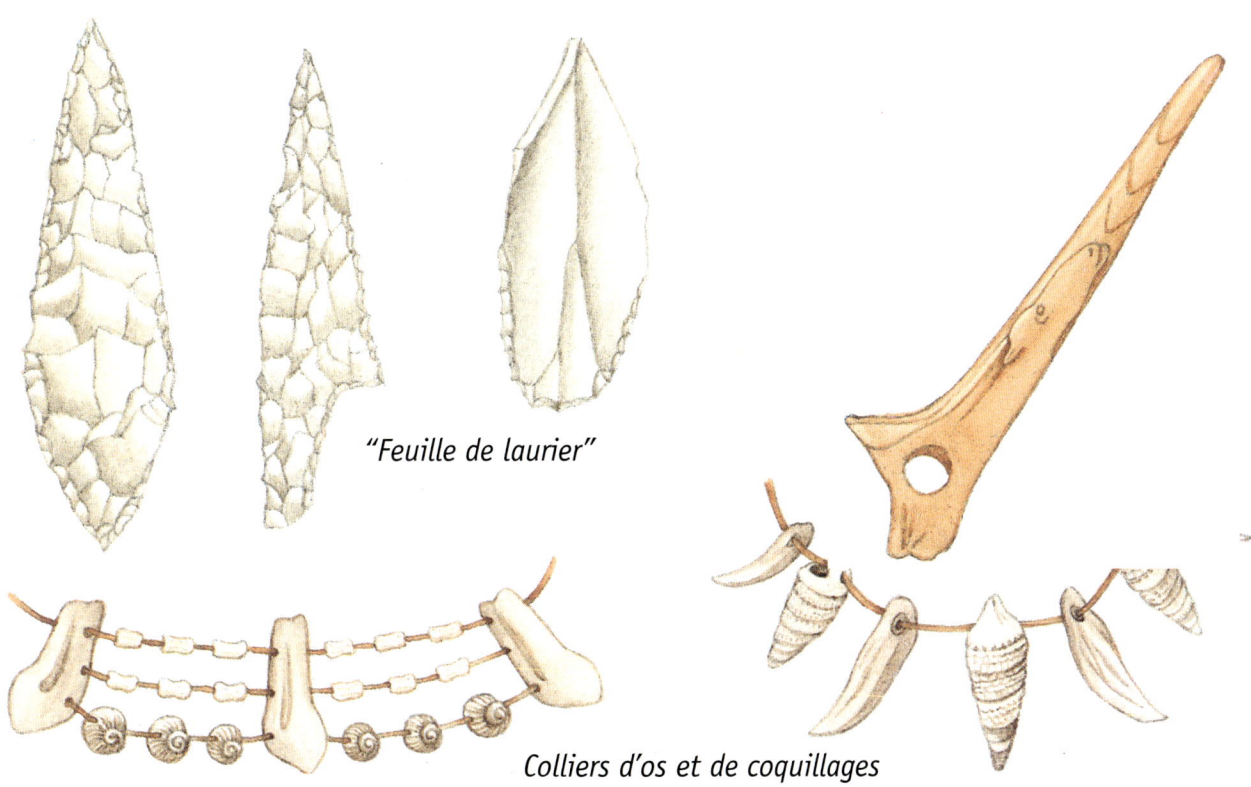

"Feuille de laurier"

Colliers d'os et de coquillages

La première industrie

Le silex était la pierre dure la plus utilisée par les hommes de la préhistoire. À l'origine, il y a plus de deux millions d'années, ils se servaient de GALETS sommairement taillés à une extrémité. Puis, au cours des millénaires, ils apprirent à fabriquer des SILEX TAILLÉS sur deux faces, à les rendre très coupants et à leur donner de multiples usages. Abondant presque partout, le silex était extrait sous la forme de blocs dont on pouvait obtenir de nombreux outils différents. À partir d'un même bloc, un tailleur de pierre façonnait plusieurs LAMES ainsi que des GRATTOIRS, des POINÇONS et même des POINTES DE FLÈCHES lorsque l'arc fut inventé (vers 10000 av. J.-C.).
Les plus belles pierres taillées qui nous sont parvenues de la préhistoire s'appellent des FEUILLES DE LAURIER, dont elles rappellent la forme. Longues d'une trentaine de centimètres, elles sont si fines que leurs bords en sont translucides. Nous ignorons l'usage que pouvaient en faire les hommes préhistoriques, car elles étaient trop fragiles pour servir d'outils. Peut-être étaient-elles considérées comme des œuvres d'art ?

Le mystère de la caverne

Les flammes du foyer font naître des ombres gigantesques qui dansent sur les parois de la caverne. Presque tous dorment paisiblement. Meruti, lui, est bien éveillé, il attend. Quelque chose l'intrigue. La veille au soir, il a vu Mouk sortir de la grotte et disparaître pendant un long moment. Meruti l'avait suivi des yeux pendant qu'il s'enfonçait dans l'obscurité, à la lumière d'une torche. Mouk portait avec lui des petits sacs de peau dans lesquels l'enfant avait cru entrevoir des poudres de différentes couleurs.

Cette nuit, Meruti surveille Mouk. Osera-t-il le suivre ? Soudain, l'enfant tressaille. Le tailleur de pierre s'est levé. Comme un animal aux aguets, Meruti épie ses moindres gestes. Il le voit rassembler des morceaux de pierres noires et prendre une petite branche taillée, terminée par des poils de bête. Mouk saisit une torche de résine qu'il allume aux flammes du foyer. Mais au lieu de se diriger vers la sortie de la caverne, il vient vers Meruti et lui tend un morceau de grès creusé en son milieu.
— Tiens, Meruti, prends cela et viens avec moi.

Le tailleur de pierre s'est levé. Comme un animal aux aguets, Meruti épie ses moindres gestes.

L'enfant se lève, le cœur battant, en serrant contre lui l'objet étrange. Mouk et Meruti sortent dans la nuit froide. L'air glacé leur coupe le souffle ; ils marchent vite. Bientôt, ils entrent dans une autre caverne, située non loin de celle qu'ils occupent. Elle est plus petite mais bien plus profonde. Après s'être glissés dans un étroit passage, ils arrivent dans une grande salle. Lentement, Mouk s'approche d'une paroi, la torche à la main. Meruti pousse un cri de surprise : des bisons, des chevaux, des rennes, dessinés et peints, semblent courir le long des murs. Même au plafond, des animaux se croisent, galopent ; Meruti ne se lasse pas d'en admirer les formes et les couleurs. Il a l'impression de les entendre hennir ou bramer. L'un d'eux l'attire particulièrement : c'est un mammouth aux défenses énormes, aux longs poils tombant de son dos massif. Il se souvient en avoir rencontré lorsqu'il errait seul, après la mort de son père.

Des bisons, des chevaux, des rennes, dessinés et peints, semblent courir le long des murs.

Ces bêtes monstrueuses l'effrayaient, mais il savait qu'on pouvait les attirer dans des pièges et les tuer à coups de sagaies et de blocs de pierre. Mouk lui a même expliqué que les défenses de mammouth servaient autrefois d'armatures de tentes. Leurs ancêtres plantaient les parties épaisses de ces dents de géants dans le sol. Ils les faisaient ensuite se rencontrer pointe à pointe et, par-dessus, plaçaient des peaux en guise de toit.

Mouk, cependant, commence à tracer des traits et des courbes. Meruti l'éclaire avec la torche. Stupéfait, il voit peu à peu se dessiner un renne, aussi superbe que celui qu'ils ont chassé ce matin. Ensuite, dans le récipient en grès, Mouk met un peu de terre rouge pilée, de la graisse et mélange le tout soigneusement.

— Donne-moi le morceau de bois avec les poils de renne !

Meruti le lui tend, curieux de ce qu'il va en faire. Mouk trempe l'étrange instrument dans le liquide rouge. Puis il applique la couleur sur la tête d'un bison qui se trouve à côté du renne déjà dessiné. De temps en temps, il reprend la pierre noire et profite d'une fissure ou d'une bosse dans la paroi pour ajouter un trait supplémentaire à l'animal. Parfois, Mouk s'arrête et recule pour juger de l'effet obtenu.

Bien d'autres artistes avant lui ont peint sur les murs de cette caverne. Chaque génération a ajouté ses créations aux précédentes. Mouk sait qu'il est l'héritier d'une tradition : une tradition qui confie à certains hommes la tâche de décorer les cavernes.

Bien d'autres artistes, avant lui, ont peint sur les murs de cette caverne. Chaque génération a ajouté ses créations aux précédentes.

Bientôt la torche s'use et la lumière devient moins forte. Mouk pose son matériel à terre.
— Viens, Meruti, nous rentrons.
Tous deux repartent dans le froid et rejoignent leur caverne. Bouleversé, Meruti devine encore derrière lui les grands troupeaux de la nuit.

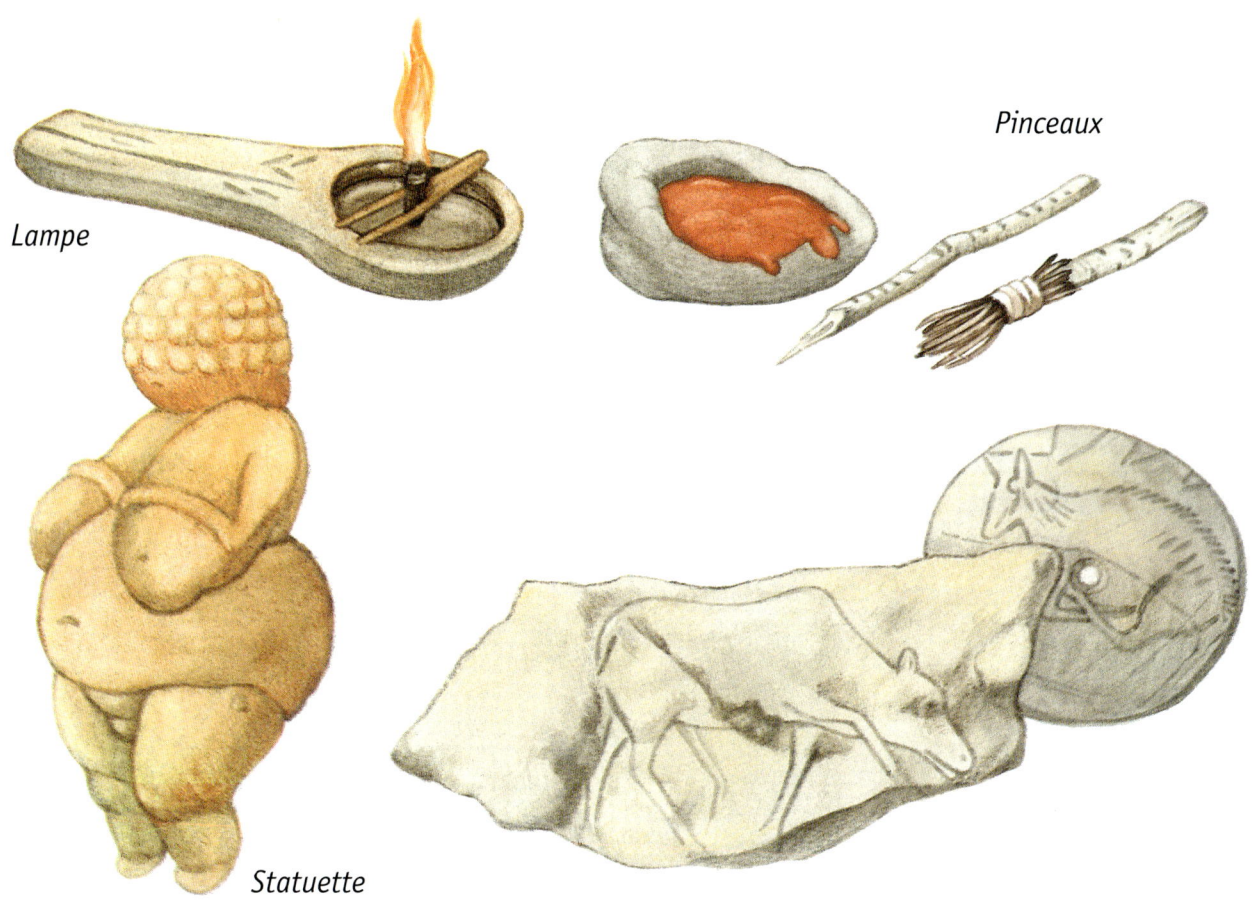

Lampe

Pinceaux

Statuette

Les premiers artistes

*Les artistes de la préhistoire ont décoré les cavernes afin d'en faire leurs SANCTUAIRES, des lieux où se déroulait, sans doute, l'initiation des jeunes chasseurs.
Les peintres ont fréquemment représenté des animaux mais presque jamais de silhouettes ou de visages humains. Les couleurs utilisées (l'ocre, le brun, le rouge, le noir) provenaient de roches ou de terres naturellement colorées. Pour peindre, ils se servaient directement de leurs doigts ou de PINCEAUX en poils d'animaux. Pour s'éclairer dans les cavernes obscures, ces artistes utilisaient des TORCHES de résine ou des LAMPES creusées dans des petits blocs de grès où se consumait une mèche trempant dans de la graisse.
Parmi les œuvres que nous a laissées la préhistoire figurent aussi de petites sculptures en os ou en ivoire.
La grande époque de l'ART PRÉHISTORIQUE se situe entre 35000 et 10000 av. J.-C.*

Les saumons de l'hiver

Le feu rougeoie dans l'obscurité. De temps en temps, des hurlements de loups déchirent le silence. L'odeur des hommes et de la carcasse du renne les attire, mais ils n'osent s'approcher de la caverne.

Blottis dans les fourrures, grands et petits dorment profondément. Seul Meruti, roulé dans une peau d'ours, ne peut trouver le sommeil. Il pense à tous ces animaux peints, découverts dans les profondeurs de la caverne. Et il les imagine encore : bisons, rennes, chevaux se mêlent, grandissent ou rapetissent, prennent des formes bizarres, galopent, sautent, s'étirent. Il voudrait bien retourner les voir mais, dans le noir, il n'est pas certain de retrouver son chemin, et puis, sans Mouk, il aurait peut-être un peu peur !

Les saumons sont les animaux favoris de Meruti. Il aime la couleur argentée et bleue de ces grands poissons et admire leurs bonds prodigieux.

La plus belle image qu'il garde en tête est celle d'un saumon sculpté sur la paroi. Il se souvient de son corps effilé, de sa gueule pointue.

Les saumons sont les animaux favoris de Meruti. Il aime la couleur argentée et bleue de ces grands poissons et admire leurs bonds prodigieux lorsqu'ils remontent les cascades de la rivière.

Quand il a été recueilli par la tribu, Meruti a indiqué les meilleurs endroits pour les pêcher et, surtout, il a toujours su le moment exact de leur retour. À quoi le devine-t-il ? Lui-même ne peut le dire. Peut-être doit-il cette connaissance à la solitude qui l'a amené à développer son sens de l'observation et sa sensibilité à la nature.

> *Immobile, enveloppé dans son vêtement de peau, il contemple le paysage noyé de brume.*

Au petit jour, Meruti s'est levé bien avant que nul ne bouge. Un pressentiment le fait sortir de la caverne. Immobile, enveloppé dans son vêtement de peau, il contemple le paysage noyé de brume. Il distingue à peine, au bas de la falaise, la rivière qui serpente entre les pins et les rochers. Brusquement, Meruti se met à courir et dévale le sentier. Tout essoufflé, il arrive au bord de l'eau et grimpe sur un rocher. Son regard devient vif et aigu. Pendant un long moment, il ne bouge plus, scrutant le courant. Soudain, il aperçoit des ombres dans l'eau. Il les a vus, il en est sûr : ce sont des saumons, les premiers de l'hiver ! Il se redresse d'un bond, descend de son rocher et repart en courant vers la caverne.
— Les saumons, les saumons !

Il rentre dans la grotte en criant la nouvelle. Tous se réveillent et se lèvent précipitamment. Mouk regarde l'enfant avec étonnement. Cette fois encore, Meruti est le premier à annoncer le retour des saumons. Les chasseurs saisissent leurs harpons et courent derrière Meruti qui a déjà repris le chemin de la rivière.

Vu de la rive, le spectacle est magnifique. Les grands poissons se faufilent, remontent le courant et franchissent les cascades avec des sauts fantastiques. À chacun de leurs bonds, Mouk, Tinok et Craal lancent leurs harpons. Parfois, ils atteignent un saumon mais, souvent, ils ne rencontrent que le vide. Les poissons qu'ils transpercent au vol sont ramenés sur la rive où les femmes et les enfants les achèvent d'un coup de gourdin et les déposent sur le sol enneigé.

Parfois, ils atteignent un saumon mais, souvent, ils ne rencontrent que le vide.

La pêche est fructueuse et chacun se réjouit. La chair des saumons et la viande du renne vont assurer leurs provisions pour l'hiver. Meruti aussi est heureux et fier de penser que la tribu le devra un peu à ses talents de chasseur et à ses dons pour la pêche.

Harpons

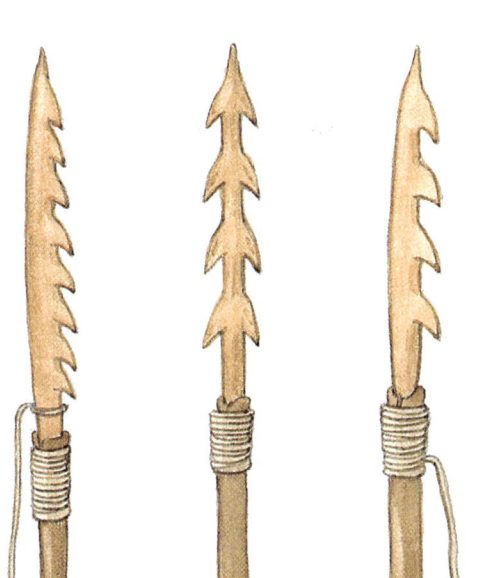

Représentation sculptée d'un saumon

Le harpon et l'hameçon

Pendant des centaines de millénaires, l'homme préhistorique a vécu de CHASSE, de CUEILLETTE et de PÊCHE. Les poissons de rivière les plus appréciés étaient les saumons, les brochets, les perches et les anguilles. Les habitants des bords de mer se livraient aussi à la pêche, mais surtout à la récolte de COQUILLAGES tels que les moules, berniques, ormeaux, huîtres, etc.

Les techniques de pêche connurent de grandes améliorations avec l'invention du HARPON, vers 15000 av. J.-C. Taillé dans de l'os, muni de BARBELURES, le harpon, fixé à une hampe de bois, était une arme efficace. Bien lancé, il pouvait transpercer les poissons qui nageaient à fleur d'eau ou dans des ruisseaux peu profonds.

À la même époque, des sortes d'HAMEÇONS furent créés, composés d'un morceau d'os aiguisé aux deux extrémités, relié à une lanière tenue par le pêcheur. Dès qu'un poisson mordait à l'appât fixé à l'hameçon, l'os s'enfonçait dans sa gorge et le pêcheur n'avait plus qu'à sortir sa proie de l'eau.

La "Vénus de Brassempouy" première représentation d'un visage humain sculpté (ivoire, musée des Antiquités nationales).

Où retrouver les hommes préhistoriques ?

DANS DES MUSÉES :

• **Musée des Antiquités nationales** *(Saint-Germain-en-Laye, Yvelines) : outils, bijoux et armes de nos lointains ancêtres y sont exposés.*

• **Musée des Eyzies-de-Tayac** *(Dordogne) : on y admire des objets parmi les plus représentatifs de tous ceux retrouvés dans cette région, très riche en sites préhistoriques.*

• **Musée de Préhistoire de l'Île-de-France** *(Nemours, Seine-et-Marne) : nombreux objets ainsi que la reconstitution du site archéologique de Pincevent où séjournaient, il y a 15 000 ans, des chasseurs de rennes.*

SUR DES SITES :

• **Lascaux** *(Dordogne) : la plus célèbre caverne peinte des temps préhistoriques, découverte en 1940, a été fermée en 1963. Les centaines de peintures (datées de 35000 à 15000 av. J.-C.) commençaient d'être détériorées par le passage des milliers de touristes qui y affluaient. En 1984, une réplique exacte, construite à proximité de l'originale, a été ouverte au public.*

• **Le domaine de Samara** *(près d'Amiens, Somme), qui présente la préhistoire grandeur nature, à travers plusieurs "circuits", du paléolithique inférieur à l'époque gallo-romaine.*

Des animaux et des hommes

Depuis qu'il est apparu sur la Terre, il y a quatre millions d'années, l'homme a connu et chassé de très nombreuses espèces animales. Mais jamais, au contraire de ce que l'on croit parfois, il n'a vécu à l'époque des **DINOSAURES** ou des **BRONTOSAURES**, dont les derniers spécimens ont disparu voici près de 100 millions d'années !
En réalité, les animaux que l'homme a côtoyés au long des millénaires sont presque semblables à ceux que nous connaissons aujourd'hui. Excepté quelques grands mammifères tel le **MAMMOUTH**, dont les derniers survivants ont disparu il y a environ 12 000 ans...

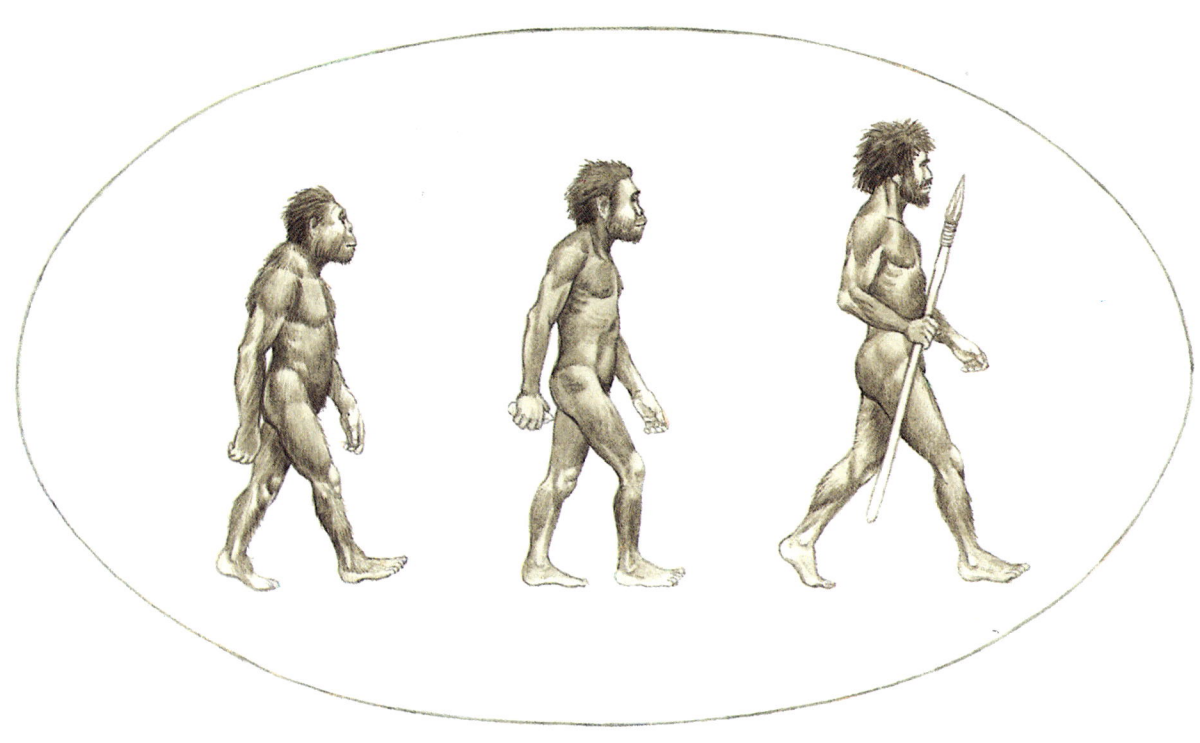

Les origines de l'homme

• La Terre existe depuis 5 MILLIARDS D'ANNÉES.

• Les premières cellules vivantes sont apparues dans la mer il y a 3 MILLIARDS D'ANNÉES.

• Les premiers animaux aquatiques à colonne vertébrale datent de 500 MILLIONS D'ANNÉES. Peu à peu, très lentement et progressivement, leurs nageoires se sont transformées en pattes.

• Le premier quadrupède possédant 32 dents est né voici 35 MILLIONS D'ANNÉES.

• Nos plus lointains ancêtres remontent à 4 MILLIONS D'ANNÉES environ. C'étaient des petits bipèdes (1,20 m), originaires d'Afrique australe, vivant de chasse et de cueillette et construisant de sommaires outils.

• L'homme a maîtrisé le feu voilà 400 000 ANS.

• Depuis 100 000 ANS, il rend un culte à ses morts et est parvenu il y a 20 000 ANS à fabriquer des outils perfectionnés en pierre, en os et en bois et à créer des œuvres d'art admirables.